AYUDANTES DE LA COMUNIDAD

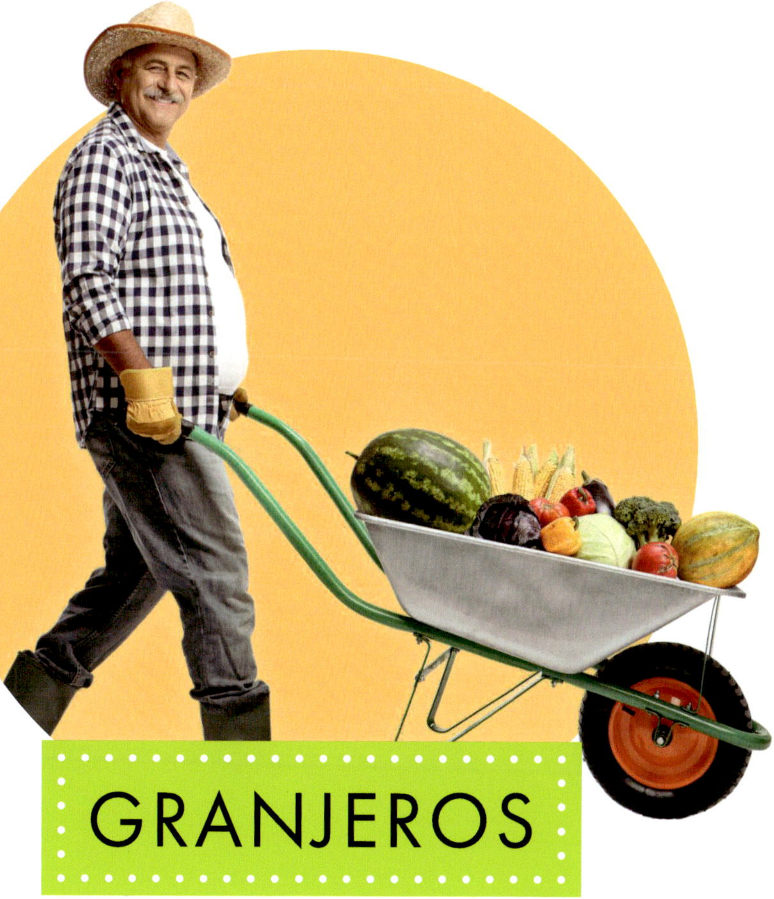

GRANJEROS

por Golriz Golkar

leche

gallinero

Busca estas palabras e imágenes mientras lees.

tractor

cultivos

Los granjeros son buenos ayudantes. ¿Qué hacen?

Un granjero ordeña sus vacas.

¡Muuu!

Vende la leche.

leche

gallinero

Una granjera revisa el gallinero.
Encuentra algunos huevos.
¡Es hora de comer!

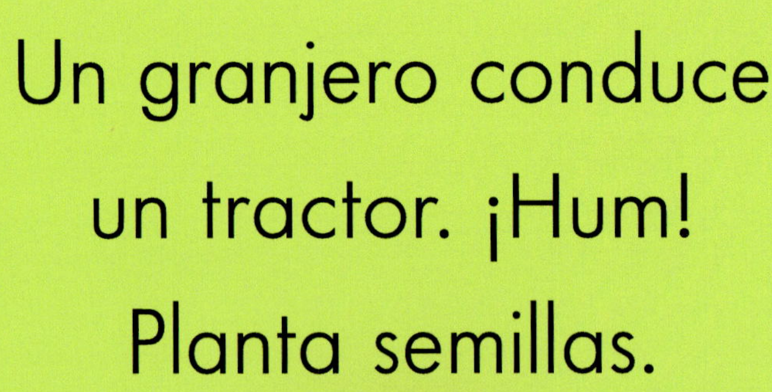

Un granjero conduce un tractor. ¡Hum! Planta semillas.

tractor

cultivos

Aquí hay un campo.
Un granjero cultiva.
Aquí crecerá maíz.

Esta granjera trabaja
en un huerto de frutas.
Recoge peras de los árboles.
¡Qué delicia!

Los granjeros cultivan los alimentos que necesitamos. ¡Hacen que nuestras vidas sean mejores!

leche

gallinero

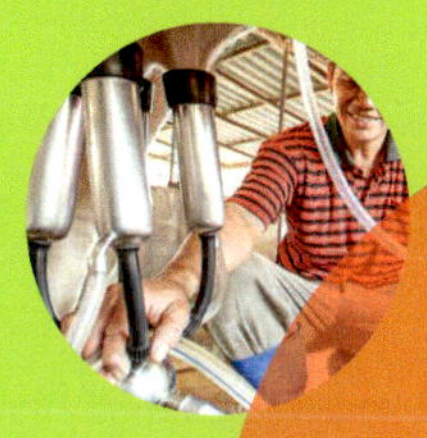

¿Lo encontraste?

tractor

cultivos

Publicado por Amicus Learning, un sello de Amicus
P.O. Box 227, Mankato, MN 56002
www.amicuspublishing.us

Library of Congress Cataloging-in-Publication Data
Names: Golkar, Golriz, author.
Title: Granjeros / by Golriz Golkar.
Other titles: Farmers. Spanish
Description: Mankato, MN : Amicus Learning, an imprint of Amicus, [2026] | Series: Ayudantes de la comunidad | Audience term: Children | Audience: Ages 4–7 | Audience: Grades K–1 | Summary: "Farmers grow our food, raise cattle, and more. Learn how they help the community in this low-level beginning reader that reinforces new Spanish vocabulary with a search-and-find feature. A great early social studies book that will inspire kindergartners and first graders to learn about jobs in their community. Translated into North American Spanish"– Provided by publisher.
Identifiers: LCCN 2024051871 (print) | LCCN 2024051872 (ebook) | ISBN 9798892006699 (library binding) | ISBN 9798892007290 (paperback) | ISBN 9798892007894 (ebook)
Subjects: LCSH: Farmers–Juvenile literature. | Agriculture–Social aspects–Juvenile literature. | Occupations–Juvenile literature.
Classification: LCC HD8039.F3 G65 2026 (print) | LCC HD8039.F3 (ebook) | DDC 338.1–dc23/eng/20241223
LC record available at https://lccn.loc.gov/2024051871
LC ebook record available at https://lccn.loc.gov/2024051872

Ana Brauer, editora
Deb Miner, diseñador de la serie
Sara Hood, diseñador de libro y investigación fotográfica

Créditos de Imágenes: Alamy Stock Photo/Wavebreakmedia Ltd IP-240425, cover; Getty Images/ArtistGNDphotography, 10–11, filmstudio, 12–13, ProfessionalStudioImages, 3; Shutterstock/BearFotos, 14, Ljupco Smokovski, 1, Olexandr Panchenko, 6–7, Tanes Ngamsom, 4–5, Valentin Valkov, 8–9